Berquin

IDYLLES

par

M.ᶜ Berquin.

IIIᵉ Edi.ᵗ

PRÉFACE.

LE fond peu intéressant de la plupart des anciennes Poésies Bucoliques, le ton précieux, & les fadeurs, mêlés, dans nos Eglogues modernes, à un petit nombre de traits fins & délicats, avoient prévenu, depuis long-tems, notre goût dédaigneux contre les Muses Pastorales. L'Aminte du Tasse & les Amours de Daphnis & Chloé étoient presque les seuls ouvrages qu'il eût exceptés de ses proscriptions; lorsque la traduction des Poëmes de M. Gessner vint ramener heureusement nos regards sur la scène champêtre. Egal, en simplicité, au Berger de Sicile, dont il a sçu, imitateur judicieux, éviter la rusticité; un peu moins poëte que le Chantre de Mantouë, mais ayant d'ailleurs toutes ses graces; sensible & affectueux comme Racan & d'Urfé, sans que ses expressions tendres deviennent jamais langoureuses; doué, tout à la fois, de la molle douceur de Segrais, & d'une touche plus originale; presque aussi fin

à

dans fon air de négligence, que M. de Fontenelle, dans fes traits les plus étudiés ; plus naturel & non moins ingénieux que Lamotte dans le choix de fes fujets ; à la naïveté piquante de Longus, & à la délicieufe aménité du Taffe, M. Geffner avoit fçu allier plus de variété, de chaleur, & de philofophie. L'amour, la jaloufie, l'orgueil de la prééminence dans la flûte ou le chant, ne furent plus les feules paffions qui nous intérefferent dans les perfonnages de l'Idylle. La tendreffe paternelle & la piété filiale, l'amour de la vertu & l'horreur du vice, le refpect pour les Dieux, & la bienfaifance envers les hommes, ces fentimens fi précieux à l'humanité & à la poéfie, fe trouverent développés, dans fes Idylles, d'une maniere toujours vraie & profonde, & toujours liés à une action vive & intéreffante.

Il n'eft pas étonnant qu'un genre fi gracieux & devenu fi neuf, pût faire une révolution dans les idées d'un peuple, chez qui, malgré toutes les variations de la mode, le bon goût a toujours confervé fon empire. Auffi les Poéfies Paftorales de

M. Geſſner obtinrent-elles parmi nous, le ſuccès le plus flatteur. Tous nos Journaux furent inondés de traductions de ſes Idylles, foibles la plupart, mais dont le nombre du moins & la concurrence prouvoient à quel excès l'original avoit ſçu nous plaire.

M. Léonard fut le premier qu'on diſtingua dans la foule de ſes imitateurs. La reſſemblance de ſon ame douce, honnête & ſenſible, avec l'ame de M. Geſſner, lui fit prendre, ſans effort, le ton de ſon modèle. Il eſt peu de beautés chez le Poëte Allemand, qu'il n'ait fait paſſer avec ſuccès dans ſes Idylles Françoiſes ; & je craindrai peu d'être déſavoué par les Gens de Lettres, en avançant que ſon Idylle du Ruban eſt, après l'Idylle de L'Enfant bien corrigé, la meilleure que l'on connoiſſe peut-être dans aucune langue. M. Blin de Sainmore, qui le ſuivit dans la même carriere, plus exercé dans l'art enchanteur de la verſification, mit encore plus d'harmonie, d'élégance, & de poéſie dans les trois Eſſais auxquels il s'eſt borné, & qui font regretter qu'il n'ait pas

fuivi une entreprife fi heureufement com-
mencée.

 Les moiffons de ces deux Poëtes n'ont
pas épuifé les vaftes champs de M. Geff-
ner. J'y ai trouvé après eux une abon-
dante récolte à m'approprier ; & fi le Pu-
blic continue de me pardonner ces larcins
innocens ; je crois y avoir laiffé d'affez
riches épis pour glaner encore après moi-
même, jufqu'à ce que le tems & la culture
ayent pu mûrir les fruits de mon propre
héritage.

 Les 2 , 3 , 6 , 8 , 9 , 12 , 14 , 18 ,
20 , 21 , 22 , 23 & 24 èmes Idylles de ce
Recueil font imitées de M. Geffner , la 5 ème
de M. Gerftemberg , la 11 ème d'une Barca-
rolle Italienne ; la 13 ème de M. Wiéland ,
les 17 & 19 èmes de M. l'Abbé Metaftafe.

IDYLLES.

IDYLLES.

IDYLLE PREMIERE.

L'INCENDIE.

Inconsolable en son veuvage,
   Depuis un mois , le bon Pélage
Voyoit un mal cruel tourmenter ses vieux jours :
Et la jeune Doris , seul fruit de ses amours ,
L'aidoit à supporter ses douleurs & son âge.
Un soir , où , de son mal , suspendant les accès ,
Le sommeil, du vieillard, vint fermer la paupiere,
   Doris sortit de sa chaumiere ,
   Pour respirer un peu le frais.
Mon pere ! du repos tu goûtes donc les charmes ;

Dit-elle; pour mon cœur quel doux preſſentiment!

Oui, le Ciel attendri va te rendre à mes larmes.

Dans un heureux Hymen, Tyrcis, ô mon Amant,

Enfin nos jours unis vont couler ſans allarmes.

Mais quand je m'abandonne à ce charmant eſpoir,

    Le malheureux ! il pleure, il ſe tourmente ;

Il a laiſſé mon pere, en nous quittant ce ſoir,

Dans les déchiremens d'une fiévre brûlante.

Pourquoi l'ai-je ſi-tôt contraint de s'en aller ?

    Au fond du cœur je ne le voulois guere :

Mais il gémiſſoit tant de voir ſouffrir mon pere,

Il m'auroit fait mourir. Ah ! pour le conſoler,

Si j'oſois.... Du penchant de l'aride montagne,

Où s'éleve ſon toît, Doris, d'un pied léger,

    Monte au ſommet, & loin, dans la campagne,

    Cherche des yeux le toît de ſon Berger.

Par bonheur, reprit-elle, il veille. Sa chaumiere

Eſt éclairée encor d'une foible lumiere.

IDYLLE I.

Je vais faire un grand feu. Chaque foir, je le fçais,
Il adreffe à l'Amour une tendre priere,
En tournant vers ces lieux fes regards fatisfaits.
Il verra ce fignal, il fçait ce qu'il veut dire ;
  Je vais le voir dans un moment.
Elle dit, & cédant à l'Amour qui l'infpire,
  Dans fa cabane elle defcend.
  Le bon vieillard dormoit profondément.
La voilà qui choifit un gros faix de ramée,
Prend du feu, puis remonte. Elle fouffle. Un bucher
S'allume ; & dans le fein d'un torrent de fumée,
Bouillonne, en pétillant, une vague enflammée,
Qui s'éleve en colonne, & rougit le rocher.
Un grand vent de la flamme accroît la violence ;
Le brafier dévoré touche prefque à fa fin :
Tyrcis n'a point paru. Pleine d'impatience,
  Doris vole fur le chemin.
La peur de s'éloigner un peu trop de fon pere,

L'empêche d'aller bien avant ;
Bientôt elle s'arrête, & revient lentement,
 L'oreille au guet, l'œil fans ceffe en arriere.
Oublieroit-il, ce foir, fa priere à l'Amour,
Dit-elle, à petits pas marchant trifte & rêveufe ?
  - S'il alloit m'oublier un jour !
  Mais quelle image plus affreufe
  Vient la frapper à fon retour !
 Du haut du mont, le vent, fur la chaumine,
 A fait voler un branchage allumé ;
 Déja le toît, à demi confumé,
 Gémit, s'ébranle & va fondre en ruine.
Tout périt ; la brebis & fes agneaux bêlans,
Franchiffant de leur parc la barriere fumante,
Se roulent, pourfuivis par l'ardeur dévorante
 Du chaume en feu qui s'attache à leurs flancs.
 Quel nouveau trait vient déchirer fon ame !
Elle entend du vieillard la lamentable voix ;

Elle arrive, s'élance. Un tourbillon de flamme
Loin du feuil embrâfé la renverfe. Trois fois
Elle veut s'y jetter, & trois fois repouffée,
De deux bras palpitans elle fe fent preffée.
Dieux! mon pere!..oui, c'eft lui. L'intrépide Tyrcis
    De la flamme a vu le ravage ;
Il part, gravit le mont. Sur de brûlans débris,
    Il s'ouvre un rapide paffage,
    Il a fauvé le vieux Pélage,
    Ils font dans les bras de Doris.
    O Doris ! ô tendre Bergere !
    O ! qui diroit ton vif faififfement !
De mille ardens baifers elle couvre fon pere ;
    Elle fourit à fon Amant.
    Le Vieillard, en les embraffant,
Tourne encor un regard vers fa trifte chaumiere.
    Mais Tyrcis, d'amour éperdu :
Que la flamme, dit-il, redoublant fa furie,

Confume maintenant toute la Bergerie;

Tu vis, ô bon Vieillard! nous n'avons rien perdu.

Le Sort m'avoit ravi le pere le plus tendre:

Le Sort, fi tu le veux, eft prêt à me le rendre.

Viens, fois mon pere; il dit, le ferre entre fes bras;

Et vers fon toît, il l'emporte à grands pas.

IDYLLE II.

L'OISEAU.

MILON, dans un bofquet, avoit pris un oifeau.
Du creux de fes deux mains il lui forme une cage ;
Et courant, tout joyeux, rejoindre fon troupeau,
    Il pofe à terre fon chapeau,
  Et par deffous met le chantre volage.
Je vais chercher, dit-il, quelques branches d'ofier,
   Attends-moi là. Dans moins d'une heure,
  Je te promets, mon petit prifonnier,
    Une plus riante demeure.
    Quel plaifir d'offrir à Cloris
    Ce nouveau gage de tendreffe !
Il faut que deux baifers au moins en foient le prix.
Qu'elle m'en donne un feul ! avec un peu d'adreffe
Ne fuis-je pas bien fûr d'en voler cinq ou fix ?

O ! fi deja la cage étoit finie !

Il dit , part , s'éloigne à grands pas ;

Court au lac , trouve un faule , & rentre en la prairie

Un faifceau d'ofier fous le bras.

Mais de quelle douleur fon ame eft accablée !

Un vent perfide avoit retourné le chapeau ;

Et fur les aîles de l'oifeau ,

Tous les baifers avoient pris la volée.

IDYLLE III.
LES
DEUX TOMBEAUX.
LE VOYAGEUR ET LE BERGER.

LE BERGER.

Que fais-tu Voyageur?

LE VOYAGEUR.

Je cherchois un ombrage;
Et vois ce qu'en ces lieux j'ai trouvé fous mes pas,
D'une colonne, éparfe en mille éclats,
Le marbre enfeveli fous la ronce fauvage.

LE BERGER.

C'eft un tombeau détruit.

LE VOYAGEUR.

Tiens, dans ce lac fangeux,

Ne vois-je pas encoré une urne renverſée ?
Allons-y.

LE BERGER *la retirant du bourbier.*

La voilà.

LE VOYAGEUR *en la conſidérant avec effroi.*

Que vois-je ? juſtes Dieux !

Quelle ſcene d'horreur ſur ce vaſe eſt tracée !

Le feu dévorant les hameaux,

Les enfans écraſés ſous les pieds des chevaux,

De morts & de mourans les campagnes jonchées,

Et le long des ſillons, le ſang, à grands ruiſſeaux,

Roulant les moiſſons arrachées.

(Il rejette l'urne avec un mouvement d'indignation).

Celui, de qui la tombe aime à ſe ſurcharger

De ces peintures inhumaines,

N'eſt ſûrement pas un Berger.

LE BERGER.

C'eſt un monſtre. La paix faiſoit fleurir ces plaines

Le cruel vint les ravager.

L'homme y respiroit libre, il l'accabla de chaînes.

Tel qu'on voit un loup affamé

S'élancer, en hurlant, sur des troupeaux timides;

Contre un peuple ingénu, paisible & désarmé,

Il tournoit, à grands cris, ses armes homicides.

Les mains teintes encor du sang de nos ayeux,

Croyant éterniser sa funeste victoire,

Lui-même, il s'éleva ce monument pompeux.

Il vouloit, l'insensé! que nos derniers neveux

Pussent maudire sa mémoire;

Et voilà cependant son tombeau renversé:

Voilà dans le bourbier sa cendre croupissante:

L'insecte le plus vil rampe, sans épouvante,

Le long de son glaive émoussé.

Le souvenir de ses excès impies

Est tout ce qui survit de sa folle grandeur.

Sans qu'une voix, au Ciel, s'éleve en sa faveur,

Ses Manes criminels font en proye aux Furies,
   Tout mort qu'il eſt, ſon nom eſt en horreur.
Non, quand on m'offriroit la puiſſance ſuprême;
   S'il me falloit l'acheter à ce prix,
   J'aime mieux vivre en paix avec moi-même,
Et n'avoir pour tout bien que deux ſeules brebis;
Encore aux Immortels irois-je en offrir une,
Pour les remercier de mon humble fortune.

LE VOYAGEUR.

Éloignons-nous, Berger. Ces objets odieux
Ont pénétré mon cœur d'une triſteſſe amere.

LE BERGER.

   Eh bien, fuis-moi. Si la vertu t'eſt chere,
Un plus beau monument va s'offrir à tes yeux.

LE VOYAGEUR.

Eſt-ce d'un autre Roi?

LE BERGER.

      C'eſt celui de mon pere.

(Il le conduit alors , par de rians sentiers ,

Vers une paisible chaumiere ,

Que protégeoient de grands arbres fruitiers.)

Le Voyageur.

Les beaux lieux ! mais , la nuit s'avance ,

Il ne me reste qu'un moment ,

Hâtons-nous vers le monument.

Le Berger.

Jette les yeux sur cette plaine immense.

Vois-tu ces vignobles féconds ,

Les troupeaux dispersés sur ces gras pâturages ?

Vois-tu ces bords couverts de fertiles moissons ,

Et ces jardins & ces bocages ?

Voilà le monument que mon pere a laissé.

Nos champs , ravagés par la guerre ,

N'offroient qu'un sol désert , de ronces hérissé ;

Il vint , & l'abondance enrichit cette terre.

Trop sage pour chercher de frivoles honneurs ,

Il creuſa ſon tombeau ſous cette informe pierre ;

Mais tous les jours nous la couvrons de fleurs :

DesDieux, par ſes bienfaits, il fut l'auguſte image,

. Il recevra comme eux notre éternel hommage,

Et ſes autels ſont dans nos cœurs.

IDYLLE IV.

L'ORAGE.

SILVANIRE ET BLANCHETTE.

Ja vieilliſſoit l'automne. Au long d'un frais bocage
Silvanire & Blanchette alloient parlant d'amour.
Voici de loin s'épandre un ſombre & lourd nuage
    Sur la vive face du jour.

L'air d'abord un petit ſommeille en paix profonde,
Si que ne tremblottoit feuille d'aucuns roſeaux.
Puis brillent longs éclairs, bruyant tonnerre gronde,
    Prolongé d'échos en échos.

Où fuir ? tant s'obſcurcit l'ombre tempêtueuſe !
Là près, eſt vieille roche. Ils s'en courent dedans.
Et leur ſort ne plaignez. Roche, tant ſoit affreuſe,
    Eſt doux Olympe à vrais Amans.

Or la nue à torrens roule aux flancs des montagnes.

La grêle fautillante encomble creux fillons ;

Diriez foudres & vents, par les vaftes campagnes,

    Guerroyer en noirs tourbillons.

A fa Blanchette envain par doux mots & careffes ,

Bien veut l'ami Berger cacher telles horreurs ;

Bien lui veut-elle auffi rendre douces tendreffes,

    Et ne lui viennent que des pleurs.

Voyez , dit-elle , ami , voici venir froidure ,

Ne vont plus Oifelets s'aimer jufqu'aux beaux jours :

Or s'aimoient comme nous; comme eux, fi d'avanture ,

    Allions nous trouver fans amours !

L'Ami, d'un doux baifer, fait loin fuir fes allarmes ;

L'orage, à ne mentir , loin fuyoit-il auffi.

Tournons au pré, dit-elle, en étanchant fes larmes,

    Là , n'aurai tant cruel fouci.

                      Et

Et rameaux fracaſſés, & verdure flétrie,
D'un trop affreux ſemblant, ici, tout peint l'hiver :
De plus joyeux penſers aurons par la prairie,
 Voyant encore ſon beau verd.

Au pré s'en vont tous deux. O ! que de fois Blanchette
Au ruiſſel, qui l'arroſe, a conté ſon bonheur !
Mais, ſur ſes bords, à peine advient la Bergerette,
 O ! quel trait aigu poind ſon cœur !

Plus n'eſt-il ce ruiſſel, où, l'été, fraîches ondes
Doucettement baignoient ſiens membres délicats ;
Plus n'eſt qu'un noir torrent, qui, ſes eaux vagabondes
 Fait bouillonner en grand fracas.

Un baiſer, à ce coup, n'encharme point ſa peine.
Hélas ! ni cent. O ! Dieux ! à travers longs ſanglots,
Dit-elle : quel torrent ! comme, inondant la plaine,
 Il va déjoindre nos hameaux !

      B

Un chacun, fur un bord, las ! aurons beau nous rendre;
Tant bruira fourdement, tant vomira brouillards ,
Que ne pourront nos voix, l'un à l'autre, s'entendre,
    Ni fe rencontrèr nos regards.

A tant fe tût Blanchette. Or paffoit là fon pere.
De l'orage inquiet , cherchant fa fille au bois ,
Puis au champs , puis par-tout. Quelle furprife amere
    Lorfque la voit pâle & fans voix!

Qu'avez ma chere enfant ?... En bref par Silvanire
Inftruit, tout dès l'abord , de leurs foucis cruels ,
N'eft que cela , dit-il ? & fe prend à fourire ;
    Et tous deux les mene aux autels.

Hymen les y fêta. Vint Amour en cachette ,
Qui, de plus vif encore, enflamma leurs defirs ;
Et ce cruel hiver que tant craignoit Blanchette,
    La faifon fut de fes plaifirs.

IDYLLE V.

LES GRACES.

C'ÉTOIT un beau jour de printems.
Lés Graces folâtroient fous la feuille nouvelle ;
   Quand, tout-à-coup, des trois Sœurs la plus belle,
Aglaé difparut. On la chercha long-tems :
   Ce fut en vain. Depuis l'autre feuillage,
Tu le fçais, Pan la guette ; ah ! ma fœur, quel dommage
   S'il la furprend feule fous un buiffon !
   Ce Pan eft fi fougueux, dit-on,
   Et la forêt eft fi fauvage !
Euphrofine en ces mots exhâloit fa douleur ;
Et cependant Thalie, errant dans le bocage,
Sous les moindres halliers, cherche fa jeune fœur,
Va, vient, frappe un buiffon, puis fouleve un branchage,
   Avance un pas, recule de frayeur,

Craignant toujours, à fon paffage,
De rencontrer le raviffeur.
Enfin d'un pied léger appercevant les traces,
Les deux Nymphes foudain volent vers un bofquet,
Où , dans mes bras , Danaé repofoit.
Eh ! qui n'auroit cru voir la plus belle des Graces ?
N'eft-ce pas elle trait pour trait ?.
Te voilà donc , ma fœur, lui dit Thalie !
Tu ris de nous caufer un fi cruel chagrin ?
Chacune alors la faifit par la main ,
Et ma Bergere m'eft ravie.
J'ai beau crier : arrêtez , arrêtez.
Ce n'eft pas votre fœur : Eft-elle auffi jolie ?
Elles de fuir toujours à pas précipités.
Défefpéré , je m'élance. On m'appelle :
Où vas-tu, dit la voix ? arrête, Lycidas,
Infenfé , vole dans mes bras ;
Viens, fois l'Amant d'une Immortelle.

Je me retourne, & je vois Aglaé ;

    Et je la prends pour ma maîtreffe,

Comme fes Sœurs, pour elle, avoient pris Danaé.

Mon œil y fut trompé, mais non point ma tendreffe.

Qui, moi, changer d'amour? Quitte ce fol efpoir,

Lui dis-je, fi Vénus afpiroit à me plaire,

    Vénus y perdroit fon pouvoir ;

    Mon cœur eft tout à ma Bergere.

Dans mes bras auffi-tôt, malgré fes cris perçans,

J'emporte vers fes Sœurs la Nymphe palpitante.

Entre elle & Danaé l'on balança long-tems ;

    Et, fans le feu de nos embraffemens,

    On n'eut jamais reconnu mon Amante.

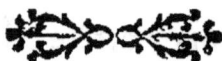

IDYLLE VI.
LE PANIER.
PHILLIS, COLETTE.

COLETTE.

Phillis, je vois toujours ce panier à ton bras ?

PHILLIS.

Oui, Colette, à mon bras je le porte sans cesse ;
Et pour ton beau mouton, vois, tu ne l'aurois pas,
Ni pour un grand troupeau.

COLETTE.

Quelle étrange foiblesse !
A ce panier, dis-moi, qui donne un si haut prix ?
Veux-tu que je devine ? oh ! comme tu rougis !

PHILLIS.

Qui ! moi, rougir ?

COLETTE.

Eh ! oui vraiment.

PHILLIS.

Colette.....

Je n'ofe.....

COLETTE.

Que crains-tu ?

PHILLIS.

Si tu me promettois.....

COLETTE.

As-tu donc peur que je fois indifcrette ;
Toi qui connois tous mes fecrets ?

PHILLIS.

Eh bien, te l'avouerai-je ? un Berger du Village,
Le plus beau des Bergers, Lycas me l'a donné.
Vois comme il eft joli ! vois-tu ce verd feuillage,
D'où fort un jeune lys, de rofes couronné ?
D'un fentiment bien doux ce panier eft le gage.

Aussi, Colette, aussi combien je le chéris !
Si j'y mets une fleur, elle y devient plus belle ;
 Il donne aux fruits une fraîcheur nouvelle,
  Un goût plus fin & plus exquis.
Tu riras, mais apprends jusqu'où va ma folie :
Ma bouche, nuit & jour, le couvre de baisers.
Et puis-je faire moins ? Le plus beau des Bergers
 Me l'a donné comme à sa douce amie.

COLETTE.

 Et sçais-tu bien quelle chanson,
Il répètoit le jour qu'il finit cet ouvrage ?
Il te l'aura sans doute apprise ?

PHILLIS.

    Bons Dieux ! non.
Mais toi, d'où la sçais-tu ?

COLETTE.

   N'en prends aucun ombrage.
Ce jour-là, par hasard, j'entrois dans le bocage
        Je

Je l'apperçus de loin fur un banc de gazon.

J'ai , dit-on , le défaut d'être un peu curieufe.

Je m'approchai fans bruit pour voir ce qu'il faifoit.

C'étoit.....

PHILLIS.

Quoi ?

COLETTE.

Ce panier. Bergere trop heureufe ,

Si tu favois la chanfon qu'il difoit !

PHILLIS.

Oh ! tu me l'apprendras.

COLETTE.

Je veux bien te l'apprendre ;

Mais tu ne me dis rien de mon Berger Myfis ?

Que je te plains de n'avoir pu l'entendre ,

Lorfqu'il me fit hier des couplets fi jolis !

Je vais te les chanter. C'eft fur un air fort tendre.

(*Elle fe difpofe à chanter.*)

C

PHILLIS.

Oui... mais d'abord ne pourrois-je favoir...?

COLETTE.

Tiens, voici les couplets.

PHILLIS.

Sont-ils longs ?

COLETTE.

Tu v as voir.

Pour être belle ,
Que Life emprunte un air coquet ;
Ma Bergere en fçaura plus qu'elle :
Je vais lui donner un fecret
Pour être belle.

Pour être belle ,
Colette , il faut un peu d'amour.
Hélas ! à toi-même cruelle ,
Ne veux-tu rien faire en ce jour
Pour être belle ?

Comment les trouves-tu ?

PHILLIS.

Moi ! fort bien.... mais hélas !
Ne puis-je donc favoir la chanfon de Lycas ?

COLETTE.

A demain, fi tu veux.

PHILLIS.

Oh ! non. Je t'en conjure ,
A préfent.

COLETTE.

Elle eft longue & pour la retenir....

PHILLIS.

Je la retiendrai , j'en fuis fûre.
Dis-la-moi feulement.

COLETTE.

Il faut donc t'obéir.

(*Elle chante.*)

C ij

Laiſſez-vous ſous mes doigts ployer avec ſoupleſſe ;
 Joncs nuancés des plus vives couleurs ;
Formez dans vos contours mille brillantes fleurs :
C'eſt pour faire un panier à ma jeune maîtreſſe.

De mon bonheur naiſſant qui ne ſeroit jaloux ?
Je paſſois, l'autre jour, tout près de cette Belle.
Ce ne fut qu'un ſeul mot ; bon ſoir, Lycas, dit-elle :
Mais elle me le dit d'un ſon de voix ſi doux !

Laiſſez-vous ſous mes doigts ployer avec ſoupleſſe,
 Joncs nuancés des plus vives couleurs ;
Formez dans vos contours mille brillantes fleurs :
C'eſt pour faire un panier à ma jeune maîtreſſe.

Dieu d'Amour ! ſi Phillis ne le dédaignoit pas !
Ce don eſt bien léger ; mais à cette Bergere
Je ne demande auſſi qu'une faveur légere ;
Qu'elle aime ſeulement à l'avoir à ſon bras.

Laiſſez-vous ſous mes doigts ployer avec ſoupleſſe,

Joncs nuancés des plus vives couleurs ;

Formez dans vos contours mille brillantes fleurs :

Quand vous verrai-je au bras de ma jeune maîtreſſe?

PHILLIS.

Adieu, Colette, adieu. C'eſt-là bas le ruiſſeau,

Où, revenant du pâturage,

Il mene quelquefois abbreuver ſon troupeau.

Je vais m'aſſeoir ſur le rivage ;

Et tantôt, s'il y vient, je lui dirai : Lycas,

Tiens, vois-tu ton panier ? je le porte à mon bras.

IDYLLE VII.

L'AGNEAU.

Pour un simple ruban, qui paroit sa houlette,
Lyse, un jour, de Tyrcis, reçut un bel Agneau ;
C'étoit un jour d'été. L'agile Bergerette
Prend l'Agneau dans ses bras, vole vers un ruisseau,
Se dépouille, s'y plonge, & soudain sur la rive,
Parmi des joncs touffus, croit entendre du bruit.
    Son œil s'y fixe. Elle pâlit :
    Et de ses bras, qu'un froid mortel saisit,
L'Agneau glisse, entraîné par l'onde fugitive.
    De sa douleur, qui peindroit le transport,
Lorsqu'en se retournant, Lise apperçoit, loin d'elle,
L'Agneau, contre les flots, luttant avec effort,
S'élançant tour-à-tour vers l'un, vers l'autre bord,
Et toujours repoussé par la vague cruelle ?

D'un bêlement plaintif il l'appelle, l'appelle ;
Ah ! pour le fecourir en ce preffant danger,
Que pourra faire, ô Ciel ! la Bergere éperdue ?
Life veut fendre l'onde,... & ne fçait point nâger.

  - A fon fecours appeller fon Berger ?
Life ne l'oferoit. Hélas ! Life étoit nue.

  Mais Life fçait que l'inconftant ruiffeau,
Après qu'en longs replis il a baigné la plaine,
Sur un lit moins profond ramene enfin fon eau,
  Et qu'au détour de la forêt prochaine,
  Elle peut rejoindre l'Agneau.
De l'onde, à ce penfer, légere elle s'élance,
Et ne fe doutant pas que fon heureux Amant,
Tout près d'elle caché, l'obfervoit en filence,
Elle prend au hafard le premier vêtement,
Et le fein demi-nud ; la voilà qui s'avance.
Mais, Life ! ô quel bonheur ! pouvois-tu le prévoir ?
Tyrcis t'a vu partir, il fend l'onde à la nâge,

    C iv

Pourfuit l'Agneau, l'atteint, le porte fur la plage,
L'entoure du ruban, qu'il vient de recevoir,
    Et fe cache fous un feuillage.
    Remis un peu de fa frayeur,
En fecouant le poids de fa toifon humide,
L'Agneau, d'un arboifier, paiffoit la jeune fleur;
    Life arrive d'un pas rapide.
A peine, en le voyant, en croit-elle fes yeux.
    Le ruban le fait reconnoître.
Mais, ô Dieux! fi Tyrcis... il étoit là peut-être;
    Elle s'ajufte de fon mieux.
Tyrcis paroît. Tyrcis avoit un air fi tendre !
L'Agneau donné deux fois étoit d'un fi grand prix!
On lui donne un baifer, puis deux, il en eut fix:
On ne les compta plus. Et comment s'en défendre?
Ceux qu'on eut refufés, il les auroit ravis.
La Belle, prudemment, paya fi bien Tyrcis,
    Que le Berger n'eut plus rien à prétendre.

IDYLLE VIII.

LE NAUFRAGE.

Échos de ces roches sauvages,
Sensibles au deuil de mes chants,
Renvoyez mes tristes accens
Dans ces bois & sur ces rivages.

Vesper fermoit les Cieux aux derniers feux du jour.
Assise au bord d'un fleuve, Eglé seule & plaintive,
L'œil fixé tristement sur l'onde fugitive,
Du bateau de Daphnis attendoit le retour.
Qu'il tarde mon Amant ! Daphnis, s'écrioit-elle !
. Et la sensible Philoméle
Se taisoit, attentive aux vœux de son amour.
Cruel!... mais, tout-à-coup, dans ce vaste silence,
Ne crois-je pas entendre... Écoutons... oui, c'est lui.

Il vient ... Dieux ! ... trompeufe efpérance !
Et pourquoi , flots menteurs , irriter mon ennui ?
N'eſt-ce donc pas affez du tourment de l'abfence ?
Mais fi quelqu'autre,hélas!... loin d'ici noirs foupçons!
Il m'aime... oui,maintenant il court vers le rivage.
Amour, devant fes pas , entr'ouvre les buiffons.
Bienfaifante Phœbé , répands , fur fon paffage ,
La paifible lueur de tes pâles rayons.
Oh ! lorfque, fur le bord, je le verrai defcendre,
   Comme j'irai me jetter dans fes bras !
   Mais cette fois , je ne m'abufe pas ,
Oui, fous la rame,au loin, j'entends l'onde fe fendre.
Vagues , fur votre dos , portez-le mollement.
Et vous,Nymphes,témoins de ma douleur extrême,
Si jamais votre cœur fentit , un feul moment,
Combien il eſt cruel d'attendre ce qu'on aime !
Mais rien ne me répond. Ah Dieux!combien de fois,
   Dans mon efpérance trahie....

Elle ne put finir. D'un froid mortel faifie ,
Elle tombe foudain , fans couleur & fans voix.

    Échos de ces roches fauvages ,
    Senfibles au deuil de mes chants ,
    Renvoyez mes triftes accens
    Dans ces bois & fur ces rivages.

Un bateau renverfé flottoit dans le lointain.
A travers l'épaiffeur d'une nuée obfcure ,
Phœbé lançant à peine un rayon incertain ,
Éclairoit fombrement cette trifte aventure.
Églé reprit fes fens. O furprife ! ô terreur !
    L'Écho porta , dans toute la contrée ,
    Le cri perçant de fa douleur.
Les cheveux hériffés , & la vue égarée ,
Elle meurtrit fon fein. De fourds & longs fanglots
    Etouffent fa pénible haleine :

Mourante , elle s'écrie à peine ,
Daphnis,mon cher Daphnis ! & ſoudain,à ces mots,
 Elle ſe plonge dans les flots.

 Echos de ces roches ſauvages ,
 Senſibles au deuil de mes chants ,
 Renvoyez mes triſtes accens
 Dans ces bois & ſur ces rivages.

 Les Nymphes veilloient ſur ſes jours.
L'onde n'engloutit point cette tendre Bergere.
Le fleuve ſecourable , acçélerant ſon cours ,
La poſe aux bords fleuris d'une Iſle ſolitaire.
Son Berger , à la nâge , avoit gagné ces bords.
 Eglé le voit , tombe pâmée ;
 Mais cent baiſers l'ont bientôt ranimée.
Qui pourroit exprimer ſa joie & ſes tranſports ?
Telle & moins tendre encore eſt la jeune Fauvette,

Qui , s'envolant de fa prifon ,
Retrouve , au bois , fon fidele Pinfon.
Le malheureux ! dans fa douleur muette ,
Il languiffoit fous un épais buiffon.
Elle vole vers lui. Cent careffes nouvelles ,
De leurs jeunes amours , ont réveillé l'ardeur ;
Ils uniffent leurs becs , ils enlacent leurs aîles :
Ils font heureux & chantent leur bonheur.

Échos de ces roches fauvages ,
Oubliez le deuil de mes chants ;
Et portez mes joyeux accens
Dans ces bois & fur ces rivages.

IDYLLE IX.

LA SURPRISE.

DAPHNIS ET CÉPHISE.

Dans le fond d'un bois solitaire,
Daphnis, pour la premiere fois,
Avoit vu sa jeune Bergere,
Et la jeune Bergere aimoit beaucoup ce bois.
Daphnis s'y rend, un jour, au lever de l'Aurore,
Et de festons de fleurs ornant maint arbrisseau,
　　Courbe-leur feuillage en berceau,
　　On eut dit le Temple de Flore.
Sur ces jeunes tilleuls, qui cherchent à s'unir,
Je vais graver, dit-il, le nom de ma Céphise,
Puis je me cacherai ; Céphise va venir,
　　Ah ! comme elle aura de surprise !

Et moi, que j'aurai de plaifir !

Il dit, & fe met à l'ouvrage.

Céphife, à l'inftant même, arrivoit en ces lieux.

Elle l'entend, s'approche, ouvre un peu le branchag'

Et vers Daphnis penchée, à travers le feuillage,

 Lui pofe la main fur les yeux.

Il fe tourne étonné. Céphife, d'un air tendre,

C'eft donc ainfi, Daphnis, que tu fçais me furprendr

Lui dit-elle ? & puis viens demander un baifer.

Il en eut un pourtant. Ainfi le refufer,

 C'étoit l'inviter à le prendre.

IDYLLE X.
LE TROUPEAU
DÉSALTÉRÉ.

Nise dormoit, un foir, au pied d'un vieux ormeau.

D'un foin peu vigilant n'accufons point la belle,

Le chien de fon Berger veilloit fur fon troupeau.

Tyrcis, au même inftant, arrive auffi près d'elle.

 A la Bergere il venoit propofer

  Des fleurs, des fruits, une chanfon nouvelle,

  Et tout cela pour un baifer.

Il s'approche fans bruit. Sur la bouche fleurie

Que Nife, fans défenfe, expofe à fon defir,

Qu'un baifer feroit doux & facile à cueillir !

Une molle fraîcheur regne dans la prairie ;

 L'ombre déja defcend du haut des monts :

Quels témoins craindroit-il? fon chien, & des moutons?

       Tout

Tout follicite, où fert fa douce envie.

Mais Nife dort d'un fommeil fi léger !

S'il l'éveilloit!... Et puis, pour un tendre Berger,

Eft-ce un plaifir bien pur, celui que fon Amie

  Lui donne, fans le partager ?

  Tandis que fa bouche incertaine

N'ofe s'abandonner à fes defirs brûlans,

Triftes, mourans de foif, les moutons haletans,

Vont, d'un pied dédaigneux, foulant la verte plaine,

Et fixant tous fur lui des regards languiffans.

  Tyrcis le voit, & foudain il s'élance :

Le baifer, au retour, fera ma récompenfe,

Dit-il ; & doucement raffemblant le troupeau,

D'un regard, à fon chien, il impofe filence,

Et conduit les moutons au plus prochain ruiffeau.

Le voilà de retour, & Nife encor fommeille.

Plus hardi, cette fois, il prend un baifer, fuit,

Se cache en des buiffons ; Nife enfin fe réveille,

      D

Honteuſe, on l'imagine, il étoit déja nuit.

Elle part auſſitôt, &, dans ſa pannetiere,

Ne voit point un bouquet caché par ſon Amant;

 Qui, pas à pas, la ſuit ſecrettement.

Hélas ! d'autres penſers agitent la Bergere;

 Sa longue abſence aura fâché ſa mere,

 Et ſon troupeau meurt de ſoif ſûrement.

Mais au premier ruiſſeau, Dieux! quelle eſt ſa ſurpriſe;

Aucun de ſes moutons ne s'approche du bord.

  Dans ſon effroi, la pauvre Niſe

  Croit tout ſon troupeau déja mort.

Elle rentre au hameau, le cœur plein de triſteſſe.

Eh ! comment à ſa mere apprendre ce malheur?

Dans ſon veuvage, hélas! c'eſt toute ſa richeſſe;

Faut-il, d'un trait mortel, lui déchirer le cœur,

  Aux derniers jours de ſa vieilleſſe ?

  Le Berger voit ſon embarras,

Veut en jouir encore. Au parc, dans ſa chaumiere;

Il la voit, tour à tour, porter ses tristes pas.

Caresser ses moutons, les serrer dans ses bras,

Et mille fois, aux Dieux, adresser sa priere.

Mais, tout à coup, Nise apperçoit Tyrcis.

Elle vole en son sein, &, le baignant de larmes,

Veut lui conter ses funestes allarmes;

Il l'interrompt par un souris.

Un souris! juste Ciel! à ce trait, la Bergere

Croit qu'il insulte à son malheur.

Ce dernier coup manquoit à sa misere,

Ce dernier coup a comblé sa douleur.

Tyrcis veut se défendre. Eh! que peux-tu me dire?

Mon Amant, d'un œil sec, verroit-il mes regrets?

Y répondroit-il d'un sourire?

Non, tu ne m'aimes plus, tu ne m'aimas jamais,

Tu ne voulois que me séduire.

Et ce soir même, aux champs, m'es-tu venu trouver?

Nise voudroit poursuivre, & ne peut achever.

En vain auffi Tyrcis vëut calmér la Bergere,

Quelques mots cependant qu'en effuyant fes pleurs,

    Nife entend , malgré fa colere ,

Un coup d'œil, par hafard, échappé fur les fleurs,

    Que recele fa pannetiere ,

    Lui font un peu foupçonner le myftere ;

Un mot , un mot de plus diffipent fes douleurs.

    Sans peine alors , de fa fupercherie ,

      Le Berger obtint le pardon :

      Et quoique le chien l'eût trahie ,

    Nife , au hafard d'une autre perfidie ,

    Voulut encore en accepter le don.

IDYLLE XI.

LE PÊCHEUR.

Près des bords fleuris, où, le Tage,
    Avec orgueil, roule ses flots,
Indifférent encore, un Pêcheur, en ces mots,
Insultoit à l'Amour, sur sa flûte sauvage :
    Dieu méchant, ne crois pas, un jour,
    M'asservir à ta loi cruelle ;
    Tout mon trésor c'est ma nacelle :
    Mes filets sont tout mon amour.

    Lorsque de la plaine liquide
    J'ai surpris un jeune habitant,
Ainsi, dis-je, l'Amour, aux piéges qu'il me tend,
Voudroit faire tomber ma jeunesse timide.
    Non, méchant, ne crois pas, un jour,
    M'asservir à ta loi cruelle ;

Tout mon tréfor c'eſt ma nacelle :
Mes filets ſont tout mon amour.

J'ai vu l'Amant de Glycerie ;
Hélas ! le pauvre infortuné !
J'ai cru voir un navire, aux vents abandonné,
Déplorable jouet des ondes en furie.
Ah ! méchant, ne crois pas , un jour,
M'aſſervir à ta loi cruelle ;
Tout mon tréfor c'eſt ma nacelle :
Mes filets ſont tout mon amour.

Næris alors , ſur le rivage ,
Promenoit ſa tendre langueur ;
Elle approche, elle entend l'infenſible Pêcheur,
Chanter, avec fierté , ſur ſa flûte ſauvage :
Dieu méchant, ne crois pas , un jour,
M'aſſervir à ta loi cruelle ;
Tout mon tréfor c'eſt ma nacelle :
Mes filets ſont tout mon amour.

D'un œil, où se peint la tendresse,

Elle l'appelle, il suit ses pas ;

Il la suit : ébloui de ses jeunes appas,

L'imprudent, de ces bords, croit suivre la Déesse.

L'imprudent ! hélas ! dès ce jour

Il va subir la loi cruelle.

Adieu filets, adieu nacelle,

Le Pêcheur est pris par l'Amour.

IDYLLE XII.

LES PETITS ENFANS.

Myrtil et Chloé.

Le jeune enfant Myrtil, un jour, dans la prairie,
Trouva fa jeune fœur. La jonquille & le thyn
Se méloient, fous fes doigts, à l'épine fleurie,
Et des pleurs cependant s'échappoient fur fon fein.

    Ah ! te voilà, Chloé, lui dit fon frere !
Pour qui viens-tu former ces guirlandes de fleurs ?

    Mais qu'as-tu donc ? qui fait couler tes pleurs ?
Tu penfes, je le vois, à notre pauvre pere.

Chloé.

Hélas ! Myrtil, fon mal le tourmente fi fort !
Il s'agite, il fe frappe.

Mirtil.

              Il appelle la mort.
                    Moi,

Moi, qu'il ne vit jamais fans me fourire,
J'ai voulu l'embraffer ; ma fœur, dans fon délire,
Il m'a rejetté de fes bras,
Il ne me connoît plus : & fans ma mere, hélas !
Je crois qu'il alloit me maudire.

C H L O É.

O Ciel ! un fi bon pere ! il jouoit avec moi,
Lorfque ce mal cruel vint attaquer fa vie.
J'étois fur fes genoux. D'une voix affoiblie ;
Ma fille, me dit-il, ma fille, leve-toi ;
Je me fens mal, très-mal. Une fueur foudaine
Couvrit fon vifage, il pàlit ;
Il me remit à terre : & foible, fans haleine ;
Malgré tous mes fecours, il eut bien de la peine
A traîner fes pas vers fon lit.

M I R T I L.

Mon pere, hélas ! du mal qui te dévore ;
Te verrons-nous longtems fouffrir ?

E

A peine ai-je sept ans , je suis bien jeune encore ;
   Mais si tu meurs , je veux aussi mourir.

C H L O É.

Non , il ne mourra point, mon frere , je t'assure.
Nos parens , mille fois , nous ont dit que les Dieux
   Aimoient les vœux d'une ame pure.
A Pan, Dieu des Bergers, je vais porter mes vœux , .
Je lui porte ces fleurs. Oui , d'un regard propice ,
Il verra son autel embelli par ma main ;
   Et vois-tu là mon cher petit serin ?
Je veux encore au Dieu l'offrir en sacrifice.

M I R T I L.

Attends-moi donc , ma sœur, je reviens à l'instant.
Je vais des plus beaux fruits remplir ma pannetiere;
Et le petit lapin , que m'a donné ma mere ,
   Je veux aussi l'immoler au Dieu Pan.
Il courut , & bientôt il revint auprès d'elle.
   Tous deux alors , en se donnant la main ,

Tournent leurs pas vers le coteau prochain.

Ils y trouvent le Dieu fous la voute éternelle

D'un vafte & ténébreux fapin.

Là, s'étant profternés aux pieds de fa ftatue,

Ils adreffent au Dieu leur priere ingénue.

C H L O É.

O Pan! nous t'implorons, daigne nous fecourir.

Toi qui fçais tout, tu fçais que notre pere

Eft, depuis bien des jours, en danger de mourir.

Je n'ai pas, Dieu puiffant, de grands dons à te faire,

Ces fleurs font tout mon bien, je viens te les offrir.

Vois, à tes pieds, je pofe ma guirlande.

J'aurois voulu, fi j'euffe été plus grande,

En couronner ton front, en orner tes cheveux;

Mais je n'y puis atteindre. Accepte cette offrande,

Et rends, Dieu des Bergers, rends un pere à nos vœux.

M I R T I L.

Qu'avons-nous fait, hélas! pour te déplaire!

Car, en frappant notre malheureux pere,
Je le vois bien, c'eft nous que tu punis.
Pour t'appaifer, ô Pan ! je t'apporte ces fruits :
Laiffe à nos vœux défarmer ta colere.
Tout ce que nous avons, nous le tenons de toi.
Je t'aurois immolé ma chevre la plus belle ;
Mais elle eft plus forte que moi.
Quand je ferai plus grand, je t'en donne ma foi,
Je t'en offrirai deux à la faifon nouvelle.

C H L O É.

Tiens, voici mon oifeau. Vois, pour me confoler,
Les tendres amitiés qu'il s'empreffe à me faire,
Sur mon cou, fur mon fein, regarde-le voler.
Eh bien, je vais .... je vais te l'immoler,
Pour que tu fauves notre pere.

M I R T I L.

Tourne auffi tes regards fur mon petit lapin.
Vois, je l'appelle, il vient. Il croit, qu'à l'ordinaire,

Je voudrois lui donner à manger dans ma main;
Mais non, je vais te l'immoler soudain,
Pour que tu sauves notre pere.

Ses petits bras tremblans l'alloient déja saisir,
Sa sœur l'imitoit en silence;
Lorsqu'une voix.»Aux vœux de l'innocence,
Les Dieux se laissent attendrir.
Non, ils n'exigent point ces cruels sacrifices;
Gardez, mes chers amis, ce qui fait vos délices;
Votre pere n'est plus en danger de mourir ».

La santé, dès ce jour, fut rendue à Pélage.
Sauvé par ses enfans, ce jour même, avec eux,
Au Dieu conservateur il courut rendre hommage.
Il vit ses petits fils peupler son héritage,
Et de ses petits fils vit encor les neveux.

E iij

IDYLLE XIII.

LES DÉLICES

DE L'HYMEN.

CHLOÉ, CÉPHISE ET LYCORIS.

Sous un tilleul dont les rameaux fleuris
Étroitement enlaçoient leur feuillage ,
  Chloé, Céphise & Lycoris
  Goûtoient le charme de l'ombrage.
Des parfums du matin la suave fraîcheur ,
  Le calme au loin répandu sur les plaines ,
L'instinct voluptueux qni porte un jeune cœur
A chanter ses plaisirs , comme à pleurer ses peines ,
D'un tendre épanchement inspiroient la douceur.
Pour moi , près de ces lieux , pour rêver à Zémire ,
  Conduit en secret par l'Amour ,

Je l'entendis, je vais vous le redire,
Ce que leurs voix chantèrent tour-à-tour.

C H L O É.

Du repos de l'indifférence
Que mon cœur se plait à jouir !
L'amour à ma simple innocence
Ne coûta jamais un soupir.
D'un jeune Berger, sans rougir,
Mon front supporte la préfence.
Lâches flatteurs, cessez vos chants ;
Que gagnez-vous à me le dire ?
J'ai vu, dans ces flots transparents,
Tout le charme de mon sourire.
Mieux que vous, l'Echo, de ma voix,
Me peint la flexible justesse.
Je sçais que des Nymphes des bois
Ma taille égale la souplesse,
Mon ombre me l'a dit cent fois.

E iv

Telle qu'une biche légère,
Qu'on voit bondir fur les coteaux ;
Laiffez-moi, folâtre Bergère,
Dans les fêtes de nos hameaux,
Fouler, en danfant, la fougère.

Céphise.

Jadis, Chloé ! fans amour, comme toi,
Par ma gaité j'excitois mes compagnes :
Un impofteur vint furprendre ma foi,
Et dès ce jour, hélas ! de nos campagnes,
Tous les plaifirs furent perdus pour moi.
Au fein joyeux du cercle de la danfe
J'entre aujourd'hui les yeux chargés de pleurs.
Mon pied diftrait rompt cent fois la cadence.
Mon fein brûlant féche mes nœuds de fleurs.
Et quand la nuit, fur la nature entière,
Du frais fommeil difperfe les pavots,
J'implore en vain les douceurs du repos ;

Je me défole en mon lit folitaire ,

Et le matin n'adoucit point mes maux.

L y c o r i s.

Heureux jour où l'Hymen du fein de ma famille,

Me conduïfit, Zulmis, dans tes bras careffans !

Hymen ! Dieu bienfaiteur ! Eh ! d'une jeune fille

A quoi fervent fans toi les charmes raviffans ?

Telle eft la fleur ftérile éparfe dans nos champs.

Sur fa tige fuperbe un moment elle brille ,

Puis meurt fans rejettons pour un fecond printems.

En de frivoles jeux perdrois - je mon bel âge ?

La main du Tems fi lente à former la beauté ,

Souvent, d'un trait rapide , efface fon ouvrage.

Ah ! lorfque les ennuis en font le feul partage ,

Qu'on doit bien déplorer fa trifte liberté !

Pour nous , dès notre enfance , unis par la tendreffe ,

Nous nous aimons, Zulmis , pour nous aimer toujours.

Le Temps peut de fa faux trancher notre jeuneffe ,

La Mort, la seule Mort finira nos amours;

CHLOÉ.

Que Lycoris se croye heureuse !
Hymen, Hymen, va, je connois,
Je connois ta douceur trompeuse ,
Tes plaisirs semés de regrets.
Et crois-tu que de tels bienfaits ,
D'une insouciance joyeuse ,
Puissent balancer les attraits ?
Quoi de mes jours livrant l'empire
Aux mains d'un tyran orgueilleux ,
De ses loix dépendroient mes vœux,
Et mon bonheur de son sourire !
Cet esclave à mes pieds soumis ,
J'irois me le donner pour maître !
Pardonne, Hymen, ce fier mépris.
Tes plaisirs sont charmans peut-être ,
Mais ils sont trop chers à ce prix.

CÉPHISE.

Vous qui du Ciel reçutes un cœur tendre ,
Ah ! de l'Amour craignez, craignez les feux ;
Étouffez bien le foupir amoureux
Qu'un faux langage eft prêt à vous furprendre,
Pour attirer l'imprudent voyageur ,
Telle on entend une Hyene perfide
Remplir les bois de longs cris de douleur.
Las ! à Daphnis qui n'eut donné fon cœur !
Je le croyois fi tendre , fi timide !
Son jeune front peignoit tant de candeur !
Il m'a trompée, ô Dieux ! dans ma foibleſſe ,
Je l'aime encore ; & lui , fans s'attendrir ,
Il voit fécher la fleur de ma jeuneſſe.
Le traître ! au fein d'une heureufe maitreſſe,
Qui le croiroit ! je l'entends s'applaudir
D'avoir féduit ma crédule tendreſſe.

Lycoris.

Dieux ! de quels doux plaifirs s'enivrent deux époux,

Dont l'Amour a formé la chaîne fortunée !

Quel fpectacle enchanteur de voir autour de nous

Les gages innocens d'un paifible hyménée,

D'une main careffante embraffer nos genoux !

En formant aux vertus un cœur flexible & tendre,

Quel plaifir de le voir répondre à ces doux foins !

Dans le tombeau fans doute un jour je dois defcendre,

Mais je ne mourrai pas toute entière, & du moins

Mon fils de quelques fleurs viendra couvrir ma cendre.

Mon nom par fes enfans fans ceffe répété,

A leurs derniers neveux paffera d'âge en âge;

Ils me béniront tous. Chloé, ta liberté

Vaut-elle les liens d'un fi cher efclavage ?

Chloé.

Ah ! fi dans les jeux & les ris,

L'Hymen laiffoit couler ma vie !

Céphise.

Ah ! fi l'Hymen , de mon ame flétrie ,
Pouvoit bannir l'image de Daphnis !

Hymen les entendit. Jaloux de fa puiffance ,
Ce Dieu leur fit fentir fa douce volupté.
De fon Berger , Céphife oublia l'inconftance ,
Et Chloé , confervant fon aimable gaité ,
Ne perdit que l'indifférence.

IDYLLE XIV.

LA PROMESSE

TROP BIEN GARDÉE.

DAPHNIS ET PHILLIS.

Au ſein d'un doux ſommeil Daphnis ſous un feuillage,
    Du Midi bravoit les fureurs ,
  Lorſqu'il ſentit un nuage de fleurs ,
Qui, par floccons légers, voloit ſur ſon viſage.
Il ouvre un peu les yeux, & ſur l'herbe, à deux pas,
Il apperçoit Phillis qui lui tendoit les bras.
S'il voulut s'y jetter, c'eſt choſe vaine à dire ;
Mais des fleurs l'enchaînoient, il le voulut en vain.
Et voilà que Phillis ſe mit ſi fort à rire ,
  Que ſon bouquet s'échappa de ſon ſein.
Ah ! méchante, dit-il, tu ris ; mais de ma chaîne
  Dans un moment je vais me dégager ,

Et tu verras fi je fçais me venger.

Il eut beau fe débattre , il y perdit fa peine.

Te venger , dit Phillis? Oui , fi je romps tes nœuds ;

Mais fi je le faifois , ça voyons , & pour caufe ,

Dis , comment prétends-tu te venger? --Oh ! je veux

 Te donner tant de baifers amoureux ,

Que ta joue en fera rouge comme une rofe.

--Oui-da ! fi c'eft ainfi , tenez , mon cher Daphnis ,

 Riez , pleurez , mettez-vous en colère ,

Point ne vous délirai , que ne m'ayez promis

De ne point m'embraffer pendant une heure entière.

-Phillis,comment veux-tu?...Phillis s'obftine-Eh bien!

Soit , pas un feul baifer. Phillis alors s'empreffe

 De rompre fes nœuds : le moyen ,

Difoit-elle tout bas , qu'il tienne fa promeffe !

Mais lui , pour fe venger , contraignit fon defir.

 Sans l'embraffer , il refte affis près d'elle.

Un moment paffe & deux. On hazarde un foupir,

Puis un coup d'œil , puis un mot. Le rebelle
Voit , entend tout cela fans fe laiffer fléchir.
Daphnis, dit-elle enfin, l'heure eft, je crois, paffée.

 A peine eft-elle commencée ,
 Répondit-il. Phillis fourit ,
Non toutefois fans un fecret dépit.
Elle attend ; mais bientôt , d'un air d'impatience,
 Oh ! fûrement l'heure vient de paffer.
-Y penfes-tu?-Qu'importe?allons, plus de vengeance.
Comment as-tu donc fait pour ne pas m'embraffer ?
Dans fes mains auffi-tôt la belle , avec adreffe,
Cache à demi fon front. Le Berger triomphant
Par cent baifers alors fatisfait fa tendreffe.
Il gagnoit de bien peu. Las ! encore un moment,
 L'Amour emportoit fa promeffe.

IDYLLE

IDYLLE XV.

L'ESPÉRANCE.

Le Vieillard LAMON, LYSIS, et sa FEMME (*tenant son fils à la mammelle.*)

Lamon.

Amis, quel désespoir est peint sur vos visages !
Pourquoi fouler aux pieds vos naissantes moissons ?

Lysis.

Laisse-nous fuir ces odieux rivages.

Lamon.

Quoi ! lorsque par vos soins ces champs rendus féconds

Lysis.

Que ne sont-ils encor rongés d'herbes sauvages !

La Femme.

O cher époux ! enchaînés à tes pas ;

F

Mon fils & moi toujours nous fuivrons notre père,

Mais cependant pourquoi fuir ta chaumière?

Quand le fort nous pourfuit, quel autre afyle ; hélas !

S'ouvriroit à notre mifère ?

L Y S I S.

Un défert, ou la mort. Ces infâmes bourreaux !

A quel excès ils portoient la furie !

Dans leur avare barbarie ,

Ils m'auroient arraché jufqu'à ces vils lambeaux.

L A M O N.

La paix fleurit fur cette heureufe terre ,

Et tu parles de ravifleurs ?

L Y S I S.

Ah ! Lamon, non jamais la guerre

N'enfanta de telles horreurs.

Tu fçais quel Ciel brûlant a devoré nos plaines.

Filles d'un fol ingrat, mes débiles moiffons ,

Refpirant du Midi les impures haleines,

De germes avortés ont couvert leurs fillons ,
Tandis qu'un fol heureux voyoit fleurir les tiennes,
Et parce que la terre a trompé mes travaux ,
Parce que dans l'horreur d'une affreufe indigence
Je n'ai pu fatisfaire à d'accablans impôts ,

  Sans pitié pour mon impuiffance ,
Ils font venus , Lamon... peins-toi ces fcélérats ;
Sur nos murs dépouillés roulant un œil farouche ,
Meurtriffant mon époufe arrachée à mes bras ,

  Et nous raviffant notre couche.
Arrêtés par la loi dans leur cruel larcin ,
Ces monftres à regret nous laiffent nos charrues.
Ont-ils cru qu'épuifé de douleur & de faim ,

  Pour affouvir d'exécrables fangfues ,
J'irois d'un champ maudit creufer encor le fein ?
S'ils penfent que la vie ait pour nous tant de charmes ,
Qu'ils viennent effayer nos pénibles labeurs !
O fillons trop longtems baignés de mes fueurs ;

     F ij

Vous ne boirez plus que mes larmes !

L A M O N.

Dieu ! fe peut-il ? quoi, fans être attendris,

Des humáins dépouillent leur frère ?

L A F E M M E.

Eux touchés de notre mifère,

Eux qui m'ont enlevé le berceau de mon fils ?

L Y S I S (*prenant fon fils d'entre les bras de fa*

femme & le preffant contre fon cœur.)

Malheureux fruit de nos tendreffes,

Falloit-il naître, hélas ! pour un fi trifte fort ?

De tes bras innocens d'où vient que tu me preffes ?

(*Le détournant de lui.*)

Finis ces touchantes careffes ;

Tu ne fçais pas les vœux que je fais pour ta mort !

L A F E M M E (*reprenant fon fils.*)

Barbare ! qu'as-tu dit ?

L Y S I S.

Oui , plût au Ciel....

·L A. F E M M E.

Arrête.

L Y S I S.

Crois-tu que mon enfant me foit moins cher qu'à toi ?

Tu veux qu'il vive , & réponds-moi ,

Dis , fçais-tu feulement où repofer fa tête ?

Tu veux qu'il vive ; & dans ton fein ,

Trouvera-t-il un lait que va tarir la faim ?

Te fais-tu donc un jeu des prières humaines ,

Dieu , qu'on peint fi fenfible au cri de nos douleurs ?

Je demandois un fils pour foulager mes peines ;

Et tu me l'as donné pour combler mes malheurs.

L A M O N.

Modère , mon ami , cette douleur amère.

Puifque le Ciel épargna mes moiffons ,

Viens, je n'ai point d'enfans , je veux être ton père.

Toi, ta femme & ton fils venez dans ma chaumiére,
Venez, le peu que j'ai nous le partagerons.

La Femme.

Quoi, bienfaisant vieillard, quand tout nous abandonne

Lysis.

Moi, j'irois abufer de fes dons généreux ?

Lamon.

Viens, ne crains point, nous ferons tous heureux.
L'ami du Laboureur eft affis près du trône.

Lysis.

Ciel ! qu'entends-je ?

Lamon.

Oui, Lyfis, l'ami du Laboureur.
Grace te foit rendue, ô notre jeune Prince,
Pour le choix bienfaifant qu'a fçu former ton cœur !
Turgot faifoit fleurir une vafte Province,
Tu veux que tout l'État lui doive fon bonheur.
Vois déjà de quel zèle il fuit ce noble ouvrage !

Sourd aux clameurs de ſes vils ennemis ,
Soutiens de ton pouvoir ſon généreux courage.
Liberté pour nos champs ! Ce don eſt le ſeul gage
De tous les biens qu'il t'a promis.

Oui , ſi ton cœur touché de nos miſères ,
Veut rendre à nos hameaux la richeſſe & la paix ,
Si juſques à ce jour le plus tendre des pères ,
Tu veux toujours répondre à tes premiers bienfaits ,
Donne , donne à Turgot ta pleine confiance.
Vois comme les méchans en ont déja pâli.

L Y S I S.

Quoi ! nous verrions encor refleurir l'abondance !

L A M O N.

Comment ſe refuſer cette douce eſpérance ?
Henri vient de renaître , il retrouve Sully.

IDYLLE XVI.

L'INCONSTANCE,

OU

LE PAUVRE PHILÉNE.

Si je peins ici les malheurs,
 Où bien souvent l'Amour nous jette,
 Je n'en veux point au Dieu des cœurs;
 N'ai-je pas le cœur de Lisette ?
 Ce que je veux, c'est qu'un jour l'avenir
D'un malheureux berger dans ces vers s'entretienne.
Venez, tendres amans, &, du pauvre Philéne,
 Conservez bien le souvenir.

Tous ses biens étoient son troupeau,
 Tout son bonheur une bergère.
 Pour quelques jours, loin du hameau,
 Elle devoit suivre son père.

Que

Que de fermens avant que de partir !

Sylvie, Ah ! qui l'eut dit que ta foi fut fi vaine !

Pleurez, tendres amans, & du pauvre Philéne

    Confervez-bien le fouvenir.

Huit jours entiers s'étoient paffés ;

Il n'entendoit point parler d'elle.

Tendres cœurs, vous fentez affez

Quelle étoit fa peine cruelle.

Voici les vers qu'en fon trifte loifir ;

Ce malheureux berger grava fur un vieux chêne ;

Écoutez-les de grace ; & du pauvre Philéne

    Confervez-bien le fouvenir.

Il n'eft plus de bonheur pour moi ;

Tu me fuis, cruelle Sylvie.

Comment vivrai-je loin de toi ;

Qui faifois le fort de ma vie ?

G

Dans les langueurs d'un ſtérile deſir,
De mes jours importuns je vais traînant la chaine;
Mais toi, qui ſçait, hélas! ſi du pauvre Philéne
    Tu conſerves le ſouvenir ?

De nos derniers embraſſemens
    Rappelle-toi la douce yvreſſe,
Souviens-toi combien de ſermens
    Te répondent de ma tendreſſe.
Je ſuis bien ſûr de ne les point trahir,
Moi qui ſçaurois t'aimer accablé de ta haine.
Mais toi, qui ſçait, hélas! ſi du pauvre Philéne
    Tu conſerves le ſouvenir ?

Pardonne, je connois ton cœur;
Non, Silvie, il n'eſt point volage,
Mais contre un berger ſéduĉteur
Comment ſe défendre à ton âge ?

Par des pleurs feints il fçaura t'attendrir;
Tu croiras que mon ame a paffé dans la fienne.
Qui peut répondre alors que du pauvre Philéne
   Tu conferves le fouvenir ?

En ces mots , le tendre pafteur
Formoit fes douloureufes plaintes.
Mais , hélas ! Sylvie , à fon cœur,
Devoit porter d'autres atteintes.
Quel morne effroi vient un jour le faifir !
Il entend Pholoé qui dit à Céliméne :
Tyrcis aime Sylvie , & du pauvre Philéne
   Elle a perdu le fouvenir.

Le cœur déchiré de ce trait ,
Il vole foudain vers fa belle.
Quel fpectacle ! dans un bofquet
Il voit Tyrcis & l'infidèle....

G ij

Il tombe. En vain on veut le fecourir,
Le fouffle de la mort a glacé fon haleine.
Sylvie apprend fa fin ... Mais Tyrcis de Philéne
    A remplacé le fouvenir.

* * *

    O monftre de déloyauté !
    Les Dieux n'ont-ils mis leur puiffanc:
    A te donner tant de beauté,
    Que pour fervir ton inconftance ?
    Ah ! que ces Dieux ardens à te punir,
A l'horreur de ton crime en mefurent la peine !
Jouet de vingt bergers, que du tendre Philéne
    Tu conferves le fouvenir !

* * *

    Si j'ai peint ici les malheurs,
    Où bien fouvent l'Amour nous jette,
    Je n'en veux point au Dieu des cœurs ;
    N'ai-je pas le cœur de Lifette ?

Ce que je veux , c'eſt qu'un jour l'avenir
D'un malheureux berger dans ces vers s'entretienne.
Allez , tendres amans , & du pauvre Philéne
Gardez toujours le ſouvenir.

IDYLLE XVII.

L'ORAGE FAVORABLE.

Pourquoi prendre, ô Thémire, un maintien ſi ſévere?

    Puiſqu'on ne peut riſquer, ſans te déplaire ,

Un mot, un petit mot, le moindre mot d'amour,

    Las ! il faut bien que j'apprenne à me taire.

Mais vois quelles vapeurs obſcurciſſent le jour ,

Entends de toutes parts les Autans , ſur nos têtes ,

Aſſembler à grand bruit tempêtes ſur tempêtes.

Si tu veux au bercail ramener ton troupeau,

    Je viens t'offrir de le conduire ,

    Aux accords de mon chalumeau.

    Tu ris de mes craintes , Thémire ,

Ne tardons point, crois-moi, de rentrer au hameau.

Vois les vents échappés des flancs de ces montagnes ,

Renverſer les épis dans le creux des ſillons ,

    Et juſqu'aux Cieux , pouſſer , en tourbillons ,

Le fable épars fur les campagnes,
Ce bruifïement fourd de la fombre forêt,
Ces nuages obfcurs fondant en large pluye,
Ces longs cris des oifeaux,& leur vol inquiet,
Ces fleurs laiffant tomber leur couronne flétrie,
Tout me préfage. Eh bien! Dieux! quels affreux éclairs!
On croiroit voir , fous les çoups du tonnerre ,
S'écrouler la voûte des airs ,
Et les Cieux s'engloutir dans les flancs de la terre.
Tu cours. Il n'eft plus tems. Viens. Où vas-tu? Suis-moi.
Ton chien fous ce rocher nous découvre un afyle.
Suivons-le. Tu pâlis ? Thémire , fois tranquille,
Sans te parler d'amour , j'y ferai près de toi.
Ce lieu , de deux amans , fut fouvent la retraite.
Qu'il vit de doux larcins & de tendres faveurs!
Il va n'être témoin que d'une ardeur difcreté,
Hélas ! il ne verra que d'injuftes rigueurs.
Quel berger cependant plus fidele ou plus tendre,

G iv

Mérita mieux..Maisnon, non,cachons mon tourment.

Thémire, tu croirois que je veux te furprendre.

Pourtant fi tu voulois, fi tu voulois m'entendre !

Quand pourrois-je trouver un plus heureux moment?..

Mais quoi!dans ta frayeur, tremblante & fans haleine,

Comme fi tu craignois que je pûffe te fuir,

  Tu ferres ma main dans la tienne ,

  Pour tâcher de me retenir ?

Connois-toi donc , Thémire. Eft-ce par la contrainte

  Que l'on s'enchaîne à tes genoux ?

Moi te fuir ? de mon fort un dieu feroit jaloux.

Mais ce bonheur, hélas ! je le dois à la crainte.

Thémire,Ah ! fi c'étoit un fentiment plus doux!

Laiffe-moi m'abufer. Cette erreur m'eft fi chère!

Quoi ! fur tes fiers dédains je m'étois donc mépris ?

  Cet air froid qui me défefpere ,

La pudeur te le donne & non pas le mépris.

Tu ne me réponds rien, cruelle, eft-ce le prix

Dont tu devrois … mais quoi ! tu baiſſes ta paupière.
Ta rougeur … un ſoupir … Thémire, tu ſouris.
Ah ! c'eſt m'en dire aſſez, oui, j'entends ce langage.
Et toi qui de mes maux devois finir le cours,
Redouble tes fureurs, ô bienfaiſant Orage,
Voici le plus beau de mes jours.

IDYLLE XVIII.
LES BERGERES
AU BAIN.
IRIS ET ÉGLÉ.

Eglé.

Quoique penché vers l'horifon,
Le foleil de fes feux dévore le bocage.
Veux-tu m'en croire, Iris? allons fur ce rivage;
   Parmi des touffes de gazon,
Nous pourrons y goûter la fraîcheur de l'ombrage.

Iris.

Allons, allons, Eglé, je fuis tes pas.
Avance encore un peu. Ces bouquets de lilas
   Me retombent fur le vifage.

Eglé.

Nous fommes bien ici. Dieux! quel ruiffeau charmant!

On voit jufqu'au fond de fon onde.

Ecoute, Iris, l'air eſt brûlant,

La ſource n'eſt pas bien profonde,

Plongeons-nous dans ſes eaux jufqu'au ſein ſeulement.

I ʀ ɪ s.

Et ſi l'on vient ! tu ſçais que je ſuis ſi craintive !

E ɢ ʟ É.

Aucun Berger ne ſçait notre deſſein ;

Aucun ſentier ne mene à cette rive ;

Ce feuillage entr'ouvert par un zéphir badin ;

Ne laiſſe entrer qu'une lueur furtive,

Et puis ſe referme ſoudain.

I ʀ ɪ s.

Ta confiance me raſſure,

Si tu l'oſes, Eglé, je puis l'oſer vraiment.

Elles ont dit. Leur dernier vêtement

Déjà tombe ſur la verdure,

Les flots déja , d'une fraîche ceinture ,
  Embraffent leur corps frémiffant.
Longtems ces flots careffent chaque belle ;
Eglé parmi des joncs allant enfin s'affeoir :
  Qu'allons-nous faire , Iris ? ça , lui dit-elle ;
   Pour paffer le tems jufqu'au foir ,
Si nous chantions quelque chanfon nouvelle ?

I R I S.

Y penfes-tu ? chanter ! le beau projet !
Dans le bofquet voifin veux-tu te faire entendre ?

E G L É.

Ah ! je n'y fongeois plus.

I R I S.

      Pour nous faire furprendre
  Par quelque berger indifcret ?

E G L É.

Eh bien ! parlons tout bas. Sçais-tu ce qu'il faut faire ?
Conte-moi quelque hiftoire , une hiftoire d'amour.

Tu raconteras la premiere,
J'en dirai quelqu'autre à mon tour.

I R I S.

J'en fçais bien une affez jolie,
Mais....

E G L É.

Crois que ce feuillage eft moins difcret que moi.

I R I S.

Oh! pour celle-ci, non. C'en eft une autre.

E G L É.

Eh quoi!

Te cacher de ta bonne amie?
Ai-je un penfer qui ne foit pas à toi?

I R I S.

Tiens donc, écarte un peu les branches de ce faule.
De ce coteau lointain vois-tu bien le fommet?
Et ce vieux cerifier?...Mais ne fuis-je pas folle?
Te dire mon plus grand fecret?

E G L É.

Que crains-tu ?

I R I S.

Je ne sçais , & cependant je n'ose.

E G L É.

Les jeunes filles , dans le bain ,
Se cachent-elles quelque chose ?

I R I S.

Il est vrai, mais....

E G L É.

L'histoire étoit en si bon train !

I R I S.

Une autre fois peut-être....

E G L É.

Eh ! bons dieux ! quel mystere !
Veux-tu la dire ou non ?.. tu ne veux pas ?.. Eh bien !
Va , garde ton secret , je garderai le mien.
J'avois aussi des aveux à te faire ;

Mais tu n'en fçauras jamais rien.

Iris.

Tu me diras donc tout? Que tu deviens preffante !
Allons, embraffons-nous. Du coteau que tu vois,
Hier au foir, Eglé, je remontois la pente,
J'entends mon nom chanté par une douce voix,
  Et la chanfon étoit charmante.
Confufe, je m'arrête ; &, non pas fans rougir,
Je parcours d'un regard tout ce qui m'environne ;
Mais j'ai beau regarder, je n'apperçois perfonne.
J'avance.... vers mes pas la voix femble venir.
J'avance encor; la voix vient du côté contraire.
C'étoit du cerifier, Eglé, qu'elle partoit,
Et je l'avois paffé. La chanfon me nommoit;
Mais Iris eft le nom de mainte autre bergere :
Si ce n'étoit pas moi !... Dis, que devois-je faire?
  Les yeux baiffés & l'efprit inquiet,
  Je gagne à pas lents ma chaumiere.

Sur l'arbre cependant tu crois bien que par fois,

 Je portai l'œil ; mais j'étois si troublée,

Que je ne pus y voir personne. Enfin la voix

Se tut. Et, l'avoûrai-je ?... Ah ! j'en fus défolée.

E G L É.

Oui , mais le lendemain....

I R I S.

      Dis, la nuit même.

E G L É.

          Bon !

I R I S.

Ecoute. Dans ma couche à peine suis-je entrée ,

J'entends la même voix & la même chanson ,

 Les mêmes que dans la soirée.

Tu ris ? Ce n'est pas tout. Le flambeau de la nuit

Versoit sur notre toît sa paisible lumière.

Je vois, (l'ombre en venoit jusqu'au pied de mon lit),

Je vois, à ma fenêtre, un Berger, qui, sans bruit,

           Y

Y suspend en festons sa guirlande légere.

Je crus que mon esprit, par un rêve egaré,

Se formoit à plaisir ce gracieux mensonge.

Aussi, quand le Berger dût s'être retiré,

(Ne falloit-il pas voir si ce n'étoit qu'un songe?)

Je me leve, je vais, j'ouvre... Dieux! sous ma main,

   Je trouve, dans une corbeille,

   Des fruits, Eglé, d'un goût si fin,

   Puis une rose si vermeille !

E G L É.

Et, sçais-tu quel Berger ?....

I R I S.

    Oh ! oui : car cette fois,

Je ne me trompe point, j'ai reconnu sa voix.

E G L É.

Et son nom ?

I R I S.

   Oh ! voilà ce qu'on ne peut te dire.

H

E G L E.

Non, non, ne me dis point que c'étoit Sylvanire.

I R I S.

Qui ! ton frere ?

E G L E'.

Oui , lui-même. Ah ! je vois maintenant
Pourquoi de fa corbeille il foignoit tant l'ouvrage.
Moi , qui me promettois un fi joli préfent !
Il en a fait, fans doute, un bien meilleur ufage.

I R I S.

Qui te dit que c'eft lui ?

E G L E'.

Qui ? ta vive rougeur ,
Et tes regards baiffés ; tout trahit le myftere.
Tu te caches , Iris ? eft-ce un fi grand malheur?
Mon frere t'aime... Eh bien ! aime mon frere ;
Je te chéris déja comme ma fœur.

I R I S.

Oui, mais il ne faut point lui dire que je l'aime.
Un Berger, à notre air, affez-tôt le connoît.

E G L E'.

J'ai peur de garder ton fecret,
   Bien mieux encore que toi-même.
Mais puifque c'eft à moi de parler à mon tour,
Tu fçais qu'à la moiffon, Lycas, de fa naiffance,
Par un feftin joyeux folemnifa le jour.
Myrtil y vint, Myrtil, tel qu'on nous peint l'Amour;
Tous les deux, par hazard, nous ouvrîmes la danfe.
Dieux! de quel pied léger..mais, écoutons..j'entends..
Un grand bruit....

I R I S.

Que feroit-ce ?

E G L E'.

Il redouble, il approche;

H ij

I R I S.

O Nymphes, fauvez-nous !

E G L E.

Prenons nos vêtemens ,
Enfuyons-nous fous cette roche.

L'une & l'autre foudain fuit comme un paffereau ,
Qu'un vorace épervier pourfuit à tire d'aîles.
Et ce n'étoit qu'un faon , auffi timide qu'elles ,
Qui venoit fe baigner dans le même ruiffeau.

IDYLLE XIX.

LE TORRENT.

ORGUEILLEUX enfant de l'orage,
Dans tes flots, rapide Torrent,
Ouvre-moi de grace un paſſage ;
Je vole à Chloris qui m'attend.
Chloris, au lever de l'aurore,
Doit ſe rendre ſur ces côteaux ;
Tu vois quel ennui me dévore,
Et tu ſembles groſſir encore
Le courant fougueux de tes eaux !
Ai-je mérité ta colere,
Sur tes bords, moi, qui, tous les jours,
Prends ſoin d'amener ma Bergère ?
Au bruit de ton onde légère,
Moi, qui viens chanter mes amours ?
Fiers de leur antique mémoire,

Si déja cent fleuves féconds
Deviennent jaloux de ta gloire,
Tu ne le dois qu'à mes chanſons.
Lorſque l'été, dans nos bocages,
Verſe ſes bouillantes ardeurs,
Si tes Nymphes, ſur leurs rivages,
Du ſommeil goûtent les douceurs,
Elles me doivent ces ombrages.
Un moment ſuſpends tes fureurs.
Hier à peine, de ta ſource,
Tu coulois, timide ruiſſeau :
Détaché d'un humble arbriſſeau ;
Un feuillage eût borné ta courſe.
Aujourd'hui, torrent orageux,
Tu répands l'effroi ſur tes traces ;
Dans ces champs témoins de nos jeux,
Tu roules tes flots écumeux,
Ma voix te conjure, & tu paſſes.

Eh bien ! hâte-toi de jouir
De cette grandeur étrangère ;
Telle qu'une ombre menfongère,
Tu vas la voir s'évanouir.
Et moi , fur ta rive honteufe ,
D'un feul pas franchiffant ton lit ,
Je te verrai , dans ton dépit ,
Ne traîner qu'une onde bourbeufe
Jufqu'au fleuve qui t'engloutit.

IDYLLE XX.

LE PETIT BERGER
BIENFAISANT.

LYCAS ET MYRTIL.

Pour réchauffer les glaces de son âge,
Aux feux naissans du jour, devant son toît assis,
Lycas vit, près de lui, Myrtil, son petit fils.
Myrtil comptoit déja le dixième feuillage,
Et, du vieillard, les regards attendris
Parmi ses traits naïfs retrouvoient son image.
Il le prit dans ses bras, & lui parlant des Dieux,
De son petit troupeau, des jeux de son enfance,
Des plaisirs qu'aux bons cœurs donne la bienfaisance,
Il vit, à ce discours, des pleurs baigner ses yeux.
Tu pleures, lui dit-il? Ce que tu viens d'entendre,
Jusqu'à ce point, mon fils, n'emeut pas seul ton cœur.
                                    Non,

Non , il eſt agité d'un ſentiment plus tendre ,
Laiſſe-m'en avec toi partager la douceur.

    Myrtil vouloit ſecher ſes larmes ,
Elles couloient toujours.-Mon père,ah ! je ſens bien..

    Oui , je le ſens , rien n'eſt ſi plein de charmes ,
    Que de pouvoir faire du bien.
-Mais pourquoi donc, Myrtil , détournes-tu la vue ?

    Tes pleurs redoublent. Autrefois ,
Tu m'aurois laiſſé lire en ton ame ingénue ;
    Tu ne m'aimes plus , je le vois.
-Qui, moi, ne plus t'aimer ! le croirois-tu, mon père?
Eh bien , tu ſçauras tout. Je vais te l'avouer.
Si je le fais , au moins , ce n'eſt que pour te plaire.
Tu me l'as dit ſouvent : du bien qu'on a pu faire
Doit-on être jaloux de s'entendre louer ?
Ma plus jeune brebis , hier , pendant l'orage ,
    S'étoit perdue au fond du bois.
J'allois pour la chercher. D'une roche ſauvage ,

                I

J'entends de loin fortir une tremblante voix.

Je m'approche, c'étoit un vieillard de ton âge.

Il portoit fur fon dos un fardeau bien pefant,

    Qu'il fit glifer à terre en foupirant.

Quel fort cruel, dit-il, après un court filence!

N'aurai-je donc jamais un moment de repos?

Faut-il, quand l'homme oifif n'âge dans l'abondance,

D'un vil pain de douleur voir payer mes travaux?

Aux ardeurs du midi, fur la terre embrâfée,

    Errant accablé de ce faix,

    Je trouve enfin, je trouve ce lieu frais,

Mais rien pour réparer ma vigueur épuifée.

Mon toît eft loin encore, & fût-il proche, hélas!

Mes genoux chancelans fous le poids qui m'accable,

    Ne fçauroient plus me traîner à cent pas.

Pourtant contre les Dieux je ne murmure pas,

Ils m'ont tendu toujours une main fecourable.

Il dit, & fur fon faix il s'étend. Moi foudain

Je vole ici. Sans rien dire à ma mère,

Je prends des fruits nouveaux, du lait frais & du pain,

Et cours foulager fa mifère.

Il repofoit. Sans bruit, j'entre fous le rocher.

Je pofe auprès de lui ma coupe & ma corbeille ;

Et, parmi des buiffons, je m'en vais me cacher.

Une heure paffe, il fe réveille.

Que le fommeil, dit-il, eft un Dieu bienfaifant !

Le foir s'avance, allons. Quittons cette retraite.

Et reprenant fon faix : Dieux ! comme il eft pefanr !

Mais n'a-t-il pas fervi pour repofer ma tête ?

Peut-être que les Dieux voudront guider mes pas.

Je puis, dans ces déferts, trouver une chaumière.

A fes côtés alors il voit ma pannetière,

Et fon fardeau retombe de fes bras.

Malheureux que je fuis ! quel eft ce vain menfonge

Qui m'égare dans mon fommeil ?

Je rêve encore. A mon réveil,

Tout va fuir:mais non,non:non,ce n'eft point un fonge.

Il prend du lait , des fruits. O mortel généreux ,

Qui te plais à cacher ta noble bienfaifance ,

Reçois le doux tranfport de ma reconnoiffance !

Que ne puis-je te voir & t'embraffer! Grands Dieux !

Sur lui, fur tous les fiens répandez l'abondance.

Je fuis raffafié , mais j'emporte ces fruits.

Je veux que mes enfans, ma femme, s'en nourriffent;

Qu'en une voix, ce foir, tous nos cœurs réunis ,

Chanteut mon bienfaiteur, le chantent, le béniffent.

Il fe lève à ces mots. Prompt à le dévancer ,

A travers les buiffons je cours dans la prairie ,

Et m'affieds en un lieu qu'il devoit traverfer.

Il m'apperçoit. Mon fils , viens , dis-moi, je te prie,

    Aurois-tu vu quelqu'un paffer ?

Non, dis-je, bon vieillard. Mais d'où viens-tu? fans doute

    Tu t'es égaré dans ta route.

Oui, mon ami, j'allois au village prochain,

Étranger dans ces lieux, je ne les puis connoître.

Je croyois par ce bois abréger mon chemin,

Mais il est si défert, que fans un Dieu peut-être,

J'y ferois déja mort & de foif & de faim.

Eh bien ! à ce village allons que je te mène,

Lui dis-je, fur mon bras appuye un peu ta main,

 Pour me fuivre avec moins de peine.

Si j'étois affez fort, je prendrois ton fardeau,

Et je le conduifis jufqu'au prochain hameau.

Tu l'as voulu fçavoir. Eh bien ! voilà, mon père,

Ce qui de joie encor me fait tout treffaillir.

 Ce que j'ai fait ne coûtoit rien à faire,

Si tu fçavois pourtant combien j'ai de plaifir

D'avoir de ce pauvre homme adouci la mifère !

Si je fuis fi content pour fi peu, Dieux ! combien

Doit être heureux celui qui fait beaucoup de bien !

Le fort peut maintenant me ravir la lumière,

Dit Lycas , fur fon cœur preffant fon petit-fils ;
Lorfque mes jours feront finis ,
La Bienfaifance encor vivra dans ma chaumière.

IDYLLE XXI.

LE PRÉSAGE.

MYSIS ET HYLAS.

M Y S I S.

Dans le bosquet du Temple de l'Amour,
  J'étois allé consacrer une offrande ;
C'est ce panier, Hylas , que tu vis l'autre jour.
  Je l'attachai, du bout de ma guirlande ,
    Au plus beau myrthe d'alentour.
Hier , dans le bosquet , allant joindre Céphise ,
  Je voulus revoir mon panier.
  O, mon ami , quelle douce surprise !
  J'apperçois sur l'anse un ramier.
Il roucouloit. J'approche. Il fuit à ma présence.
  Dans mon panier je trouve un nid charmant.
Ils étoient deux petits. Nés depuis un moment ,

I iv

Ils chantoient déja leur naiſſance.

La mere, de ſon aîle, ardente à les couvrir,

   Sembloit me dire en un touchant langage :

Te.plairois-tu, Berger, à nous faire ſouffrir ?

Berger, ne trouble point un paiſible ménage.

Attendri, je m'éloigne, & le père inquiet,

Qui voloit tout autour de feuillage en feuillage,

Sur le bord du panier retombe comme un trait.

Que ſa compagne & lui, par de vives careſſes,

   S'exprimoient leurs tranſports joyeux !

   Et moi qui ſentois tous leurs feux,

   Je jouiſſois de leurs tendreſſes.

   Or maintenant, toi, qu'un profond ſçavoir

Rend depuis vingt moiſſons l'oracle du village,

   Veux-tu m'expliquer ce Préſage ?

Quelle eſpérance, Hylas, en dois-je concevoir ?

       H Y L A S.

Que ta Bergere & toi, dans une paix profonde,

Vous allez couler d'heureux jours ;
Et que de Lucine féconde,
Vous verrez bénir vos amours.

Mysis.

O quel Préfage heureux ta fageffe m'annonce !
Par les Dieux immortels ! je l'expliquois ainfi.
Adieu, prends ce chevreau. Céphife eft près d'ici,
Elle va mieux encor me payer ta réponfe.

IDYLLE XXII.

LA TEMPÊTE.

LYCAS ET PALÉMON.

Un silence effrayant s'étendoit dans les airs.
Tels que des monts altiers, de ténébreux nuages,
S'élevant pesamment de l'abyme des mers,
Sur l'horifon obscur entassoient les orages.
Les Bergers, à grands pas, regagnoient les hameaux.
Seuls, du haut d'un rocher, dont la cime hardie
En demi-voûte au loin s'élançoit fur les flots,
Lycas & Palémon laissant fuir leurs troupeaux,
De l'orage naissant attendoient la furie.
Que j'aime, dit Lycas, ces lugubres horreurs !
Dépouillés de leurs fruits, nos champs, du noir Borée,
      N'ont plus à craindre les fureurs,
Je ne scais quel transport surmontant mes terreurs,

Verſe en mon ame une yvreſſe ſacrée.

Quel ſpectacle impoſant frappe déja nos yeux !

L'orage dort encor dans un morne ſilence,

Mais qu'il s'éveillera d'un réveil furieux !

Si l'aſpect d'un beau jour peint la bonté des Dieux,

Qu'ils font dans la Tempête éclater leur vengeance ! .

P A L É M O N.

Ce n'eſt pas nous au moins que pourſuivent leurs coups,

Qui pourroit leur déplaire en d'innocens azyles !

Élever nos troupeaux, rendre nos champs fertiles,

Ne ſont point des forfaits dignes de leur courroux.

L y c a s.

Eh bien, reſtons ici. La foudre, ſur nos têtes,

Fait déja retentir ſes longs ébranlemens,

    Du fond de leurs ſombres retraites,

Entends-tu des troupeaux les ſourds mugiſſemens?

Ils ſont tous déchaînés, les enfans des Tempêtes.

Vois l'Olympe vomir un déluge de feux,

Des arbres fracaſſés vois ſe courber la cime ;
Et les flots combattus des vents ſéditieux ,
En rochers eſcarpés s'élever juſqu'aux cieux ,
Puis , énormes torrens , retomber dans l'abyme.

PALÉMON.

Ciel !... un vaiſſeau, Lycas !... A ces infortunés ;
Sauvez , Dieux immortels , ſauvez du moins la vie.
Mais ſur eux, à grand bruit, la vague appeſantie...
Sous les flots tournoyans ils roulent entraînés....
Malheureux ! pourquoi fuir votre douce patrie ?
N'y pouviez-vous en paix goûter un heureux ſort ,
Sans affronter des mers l'horrible précipice ?
Voyez où vous conduit une folle avarice ,
Vous cherchiez la richeſſe , & vous trouvez la mort.

LYCAS.

De leurs larmes , en vain , vos enfans ſolitaires
   Arroſeront les foyers paternels ;
    En vain , dans leurs tendres prières ,

Iront-ils de Neptune embraſſer les autels ;
Il eſt fermé pour vous le tombeau de vos péres.
Dieux ! ſi vous nous aimez, ne ſouffrez pas au moins
Que pour chercher comme eux une vaine opulence,
J'abandonne les champs où je pris la naiſſance,
Lorſque mon ſeul troupeau ſuffit à mes beſoins.

PALÉMON.

Viens, deſcendons, Lycas. Peut-être ſur la plage,
Trouverons-nous leurs corps revomis par les flots,
S'ils vivent, de leurs ſens nous leur rendrons l'uſage;
  S'ils ne ſont plus, de propices tombeaux,
A leurs mânes plaintifs, ſur l'infernal rivage,
  Vont aſſurer un éternel repos.

Ils deſcendent ſoudain. Étendu ſur l'aréne,
Un jeune homme y rendoit le ſoupir de la mort,
Rien ne put ranimer ſon expirante haleine.
Son tombeau, de leurs mains, fut creuſé ſur ce bord.

Et lorfqu'ils y venoient, aux Dieux du fombre Empire,
Porter, en fa faveur, leurs vœux compatiffans,
Des avares humains ils plaignoient le délire,
Et reprenoient joyeux leurs travaux innocens.

IDYLLE XXIII.

LA CHANSON

DE LA NUIT.

L'Amour connoît-il le repos ?
Aù tems où le Sommeil, d'une urne bienfaifante,
Verfe à tous les mortels l'oubli de leurs travaux,
Daphnis veilloit au feuil du toît de fon Amante.
  Et fur la plaine, & dans les airs,
Regnoit profondément un amoureux filence.
Phœbé, difcret témoin, l'Echo des champs déferts,
  Etoient feuls dans fa confidence.
  A demi-voix, Daphnis chanta ces vers.

La nuit livre au repos la nature épuifée ;
O Phillis ! du fommeil goûte en paix les douceurs,

Telle qu'au fein d'un lys dont la fraîche rofée,
Quand nul Zéphyr encor ne balance les fleurs.

Vous, fonges des hameaux, des plus douces images,
Bercez légèrement fon efprit fatisfait ;
N'offrez à fes regards que de verds pâturages,
Et de jeunes brebis plus blanches que leur lait.

Sous un berceau de myrthe, au fein d'une onde pure,
Qu'elle croye agiter fes membres frémiffans ;
Tandis que mille oifeaux, cachés dans la verdure,
En un joyeux concert uniffent leurs accens.

Qu'un de vous à fes pieds daigne enfin me conduire.
Elle ignore les maux qu'Amour me fait fouffrir.
Ah ! fur fa bouche alors puiffe naître un fourire,
Et de fon cœur ému s'échapper un foupir !

Ainfi

Ainſi chanta Daphnis. Puis d'une main légère,
En longs feſtons, au toît de ſa Bergere,
Il ſuſpendit la roſe & le jaſmin.
Bientôt, de ſa cabane, il reprit le chemin.
Les doux ſonges de l'eſpérance,
Des heures de la nuit, tromperent la longueur.
Le jour alloit briller, joyeux il le devance,
Vole au toît de Phillis, la cherche, à ſa préſence,
Voit ſon front s'animer d'une vive rougeur.
Il voulut lui parler, n'en eut point le courage ;
Mais il vit que des yeux la belle le ſuivit
Juſques au détour du bocage ;
Elle avoit entendu la Chanſon de la nuit.

K

IDYLLE XXIV.

LE SÉNATEUR

DEVENU BERGER.

ÉLEVÉ, dans Corinthe, aux suprêmes grandeurs,
 Contre d'avides oppreſſeurs,
Phoclès avoit du Peuple embraſſé la défenſe ;
Mais, victime à ſon tour, de leur lâche puiſſance,
Dépouillé de ſes biens , privé de ſes honneurs ,
 Banni des lieux de ſa naiſſance ,
Il ſe vit rélégué parmi d'humbles Paſteurs.
De ſes concitoyens , la noire ingratitude ,
Accabla quelque tems ſon cœur navré d'ennuis.
Il conſumoit les jours , il conſumoit les nuits ,
 A gémir dans la ſolitude.
Errant ſeul un matin en ſon nouveau ſéjour,
Le ſort le conduiſit ſur de hautes montagnes ;

D'où fon œil, dans l'éclat des feux naiffans du jour,

 Embraffoit d'immenfes campagnes.

Ici, fur des rochers, un torrent écumant

 Précipitoit fes ondes en furie ;

Là, de petits ruiffeaux, fur la plaine fleurie,

 S'enlaçoient amoureufement.

De cent parfums divers les effences légères,

Les tréfors étalés au penchant des coteaux,

Les chants de l'allégreffe, aux ruftiques travaux,

Animant les Bergers auprès de leurs Bergères,

De mille voluptés a fon ame étrangères,

 Tout enivroit fes fens nouveaux.

 Une extafe filencieufe

 Contint d'abord fes profonds fentimens ;

Mais n'en pouvant dompter la fougue impérieufe,

Il laiffa de fa bouche échapper ces accens.

Quels raviffans tranfports ! ô Nature, Nature !

Que j'aime à contempler tes auguftes beautés !

       K ij

Quel faste pompeux des Cités,

Egale ta fimple parure ?

Pourquoi, dès ma naiffance, arraché de ton fein,

Te viens-je, hélas ! fi tard, confacrer mon hommage?

Tous mes biens déformais vont couler de ta main.

O loix profondes du deftin !

Mon bonheur, des méchans va donc être l'ouvrage.

Qu'ils ont été trompés dans leurs cruels defirs !

Je n'en veux point, ô Dieux ! d'autre vengeance,

Ils font affez punis par les nouveaux plaifirs,

Dont je leur dois la jouiffance.

Et que m'ont enlevé leurs indignes complots ?

Avec des foins amers, des honneurs infipides ;

Quelques plaifirs faux & rapides,

Mêlés dé pénibles travaux.

Ah! mes plus vifs regrets ne font pas pour moi-même,

Que vas-tu devenir, ô Peuple infortuné ?

Aux piéges des méchans, fans guide, abandonné,

Où prendre un défenseur contre leur rage extrême?
L'homme de bien pâlit, de mon sort consterné.
Plus que mes ennemis, ardent à me proscrire,
Ton aveugle inconstance a servi leur fureur ;
   Je te pardonne ton erreur :
Leur voix calomnieuse avoit sçu te séduire,
Et tu n'as pu percer dans le fond de mon cœur.
Mais ces lâches amis, qui, de toute ma vie,
Ont connu, comme moi, les intimes secrets,
   Par quelle affreuse perfidie,
Ont-ils laissé noircir mes bienfaisans projets ?
Tandisque de mes dons leurs mains sont encor pleines,
Les ingrats m'ont fermé leurs cœurs vils & pervers;
   Je n'apporte ici que mes peines,
   Et tous les cœurs me sont ouverts.
  O bons Bergers ! avec quelle tendresse,
   Vous m'avez reçu dans vos champs !
Par quels soins je vous vois consoler ma tristesse?

Le vieillard vient m'offrir ſes entretiens touchans,
  La jeune Bergère , ſes chants ,
  L'enfant , une douce careſſe.
Les voilà, les voilà, mes vrais , mes bons amis !
Avec vous déſormais , ah ! ſouffrez que je vive !
Je n'y traînerai point une vieilleſſe oiſive ;
Je veux être Berger , donnez-moi des brebis.
A cultiver ces champs , mes mains ſont toutes prêtes.
  Ne craignez pas que mes chagrins jaloux ,
Portent un air de deuil en ces calmes retraites.
  Je veux bientôt , auſſi joyeux que vous ,
  Me mêler à toutes vos fêtes.
Pardonnez-moi, grands Dieux ! ſi par d'affreux malheurs
Je vous ai reproché d'empoiſonner ma vie ;
Si , pour ſubir vos loix , fuyant de ma patrie ,
J'ai tourné vers ſes murs des yeux chargés de pleurs :
  Qui m'eut dit que votre ſageſſe ,
  Du ſein des plus vives douleurs ,

A la félicité dût guider ma vieilleſſe ?

Forêts, recevez-moi ſous vos ombrages frais,

Laiſſez-moi parcourir vos paiſibles chaumières.

Le fer n'eſt point caché dans mes mains meurtrières ;

Je n'apporte chez vous que des penſers de paix.

O paiſible ruiſſeau, ſur ta rive fleurie,

Je vais, devant les Dieux, repaſſer tous mes jours,

Bien ſûr, malgré les cris de l'implacable Envie,

Bien ſûr qu'aucun forfait n'en a ſouillé le cours.

Avant de t'abymer dans les plaines profondes,

Tu vas répandre au loin la vie & la gaité ;

Si je ne goûte plus cette félicité,

Mes ans vont s'écouler, auſſi purs que tes ondes,

Dans le ſein de l'éternité.

Fin du ſecond Recueil.

A P P R O B A T I O N.

J'AI lu, par ordre de Monseigneur le Garde des Sceaux, des *Idylles*, faisant partie des *Œuvres* de M. Berquin, & je n'y ai rien trouvé qui puisse en empêcher l'impression. A Paris, ce 27 Mai 1775. D'HERMILLY.

P R I V I L E G E D U R O I.

LOUIS, par la Grace de Dieu, Roi de France & de Navarre, à nos amés & féaux Conseillers, &c. Notre amé le sieur BERQUIN, Nous a fait exposer qu'il desireroit faire imprimer & donner au Public un Livre intitulé *Œuvres de M. Berquin, avec fig.* s'il Nous plaisoit lui accorder nos Lettres de Privilege pour ce nécessaires : A ces causes, voulant favorablement traiter l'Exposant, Nous lui avons permis & permettons par ces Présentes, de faire imprimer ledit ouvrage autant de fois que bon lui semblera, de le vendre, faire vendre & débiter par tout notre Royaume pendant le temps de six années consécutives, à compter du jour de la date des Présentes ; faisons défenses à tous Imprimeurs, Libraires, & autres personnes de quelque qualité & condition qu'elles soient, d'en introduire d'impression étrangere dans aucun lieu de notre obéissance, comme aussi d'imprimer, ou faire imprimer, vendre, faire vendre, & débiter, ni contrefaire ledit ouvrage, ni d'en faire aucuns extraits sous quelque prétexte que ce puisse être, sans la permission expresse & par écrit dudit Exposant ou de ceux qui auront droit de lui, & de tous dépens, dommages & intérêts, &c. Commandons au premier notre Huissier, &c. Donné à Paris, le huitieme jour du mois de Février, l'an de Grace mil sept cent soixante-quinze & de notre Regne le premier. Par le Roi en son Conseil. *Signé*, LE BEGUE.

Registré sur le Registre dix-neuf de la Chambre Royale & Syndicale des Libraires & Imprimeurs de Paris, N°. 110. fol. 359. conformément au Reglement de 1723. A Paris, le 13 Février 1775. Signé, LOTTIN Jeune, Adjoint.

636. 1788./

www.ingramcontent.com/pod-product-compliance
Lightning Source LLC
Chambersburg PA
CBHW051736090426
42738CB00010B/2281